... Quand les mots deviennent artistes...

LES JEUX DE L'ART

Lydia MONTIGNY

LES JEUX DE L'ART

… quand les mots deviennent artistes…

© 2020 Lydia MONTIGNY

Éditeur : BoD-Books on Demand
12-14 rond-point des Champs-Élysées, 75008 Paris
Impression : Books on Demand, Norderstedt, Allemagne

ISBN : 978-2-3222-2053-3
Dépôt légal : Avril 2020

Livres précédents (BoD)

* Dans le Vent (VII 2017)
* Ecrits en Amont (VIII 2017)
* Jeux de Mots (VIII 2017)
* Etoile de la Passion (VIII 2017)
* As de Cœur (XI 2017)
* Pensées Eparses et Parsemées (XI 2017)
* Le Sablier d'Or (XI 2017)
* Rêveries ou Vérités (I 2018)
* Couleurs de l'Infini (II 2018)
* Exquis Salmigondis (V 2018)
* Lettres Simples de l'être simple (VI 2018)
* A l'encre d'Or sur la Nuit (X 2018)
* A la Mer, à la Vie (XI 2018)
* Le Cœur en filigrane (XII 2018)
* Le Silence des Mots (III 2019)
* La Musique Mot à Mot (IV 2019)
* Les 5 éléments (V 2019)
* Univers et Poésies (VIII 2019)
* Les Petits Mots (X 2019)
* Au Jardin des Couleurs (XI 2019)
* 2020 (XII 2019)
* Nous… Les Autres (X 2020)
* Ombre de soie (III 2020)

L'ART

est ce fil sensible

que l'artiste pose

entre son imagination

et la réalité

LE DOUTE

Tu connais le doute
Celui que tu écoutes
Pour un oui, pour un nom,
Un peut-être, un pardon.

Il t'envoute,
T'arrête sur ta route
Dans l'interrogation
De la bonne direction

Il t'éveille la nuit
Et de peur, tu le nies.
Sur ton front cette goutte
De sueur te déboute.

…/…

…/…

L'injustice écoute
La faiblesse en déroute,
Devenant l'absoute
Quand la vérité s'ajoute.

Sans l'ombre d'un doute
Ton incertitude est dissoute
Et le ciel se cloute
D'étincelles… Bonne route !

...L'ARTISTE...

C'est un génie de l'ordre
Dans un subtil désordre
Qui aime le temps et le tordre,
Et l'indomptable, le distordre

C'est un saltimbanque heureux
Parcourant les chemins pierreux
Pour semer des mots généreux
S'envolant sur des airs joyeux.

C'est un aventurier de la vie
Partageant ses fantaisies
Au monde qui se rassasie
De son Art obvie...

TU SERAS LA...

A l'heure où j'écris
Il n'existe pas,
Et les mots sans bruit
S'écrivent pas à pas...

Il dort sagement
Au jardin des rêves
Et les rires du vent
Se posent sur ses lèvres

Les couleurs se lavent
Mêlant l'instant hâve
Aux camaïeux suaves,
Si purs et si graves

.../...

.../...

La page l'attend
Tel l'air du temps
Inventant les rimes
Timides et sublimes

Un jour viendra
Où la vie s'ouvrira
Enfin il sera là
Et Tu existeras…

L'INVISIBLE

J'aimerais être invisible
Comme un chant,
Comme le vent,
Comme une goutte d'eau
Roulant sur ta peau,
Comme un verre de cristal
Où tes lèvres pâles
Se posent assoiffées...

Je serais cette réalité
Sage comme un silence,
Murmurant à ta conscience
La douceur sensible,
La tendresse paisible,
Pour inonder ton cœur
D'un mystérieux bonheur...

.../...

…/…

J'aimerais être invisible
Pour que ces mots te disent un jour
La force de mon amour…

IL Y A PARFOIS

Il y a parfois
Dans un regard
Des mots si droits,
Des mots si rares,
De beaux ouragans,
Des vagues éclatant
Sur les roches grises,
Des mers exquises
Berçant les idées
Et le chant des pensées...

Il y a parfois
Dans le fond des yeux
Le reflet d'un pourquoi
Et la douceur du feu,
Les mots ne sont plus
Qu'un superflu indu,

…/…

…/…

Alors je me tais,
Captive de ce regard,
Comme si une histoire
Dans ce silence naissait…

La gentillesse

est le parfum de cette fleur

que l'on offre avec son cœur

SALUT L'ARTISTE

Il pose ses couleurs
Sur un monde meilleur,
Des paysages rêveurs,
Des sentiments en fleurs,
Il signe d'un cœur
Dans le coin d'un ailleurs
... Salut l'Artiste...

Il a l'âme d'un chasseur
La force d'un créateur,
Et sa quête d'apesanteur
Se tatoue sur la blancheur
De ses nuits sans heure...
L'art naît de profondeurs
Et parfois de douleurs,
De mélodies en pleurs,
Et lorsqu'il les effleure
Il donne une saveur
D'une frêle candeur,
D'une douce rondeur
... Salut l'Artiste...

.../...

…/…

Il peut passer pour un saigneur
D'inutiles admirateurs,
Mais il est juste le seigneur
D'exquis provocateurs…
Il restera le voyageur
De cette vie de splendeurs,
Avec ou sans les honneurs,
Un artiste jamais ne meurt…
Qui posera une fleur
Près du calme songeur
Et signera à contrecœur
Ces mots en couleur ?

… « Salut l'Artiste »…

Ecrire n'importe quoi

N'importe quand

N'importe où

... reste aussi l'Art d'écrire...

LE FAKIR

Il refuse que la vie
Lui arrache un cri
Un cri de folie
De démence, d'oubli,
De vil mépris,
Un cri de déni...

Alors il pose son esprit
Comme le gel blanchit
L'herbe de la prairie,
Et la sagesse en lui
Le calme et il sourit,
Dans la lueur du paradis...

.../...

.../...

Il ignore le mépris
La sensibilité en théorie,
Mais un jour, surpris,
Par la douceur de la nuit,
Une rose bénie
A tendrement piqué sa Vie...

Les jours ricochent en petits bonds

D'un Hier passager

En Lendemains s'enfuyant

Pleins du Présent

QU'EST CE QUE LA POESIE ?...

Lorsque l'Art se glisse
Dans les mots que je tisse
Pour créer un Univers
A la troublante atmosphère,
La poésie opère,
Délicatement suggère,
Parfois même exagère,
Audacieusement légère...

Les mots se déracinent,
Abandonnant leurs épines,
Se posent comme des plumes
Sous les rayons de lune...
Je les ramasse alors,
Minuscules trésors,
Et souffle sur la poussière
De leurs années-lumière...

       .../...

…/…

De cette encre, je les teins
Dans le matin mutin
Et les lettres se dessinent
Enchanteresses, divines…
Tout devient création
Dans ce monde d'évasion,
L'illusion devient réelle
Visible, existentielle…

Je souris que tu lises
La poésie exquise
Naissant sur cette page
Entre tes mains si sages…
Si la poésie est ce mirage
L'amour se lit sur ton visage…

ECRIRE…

C'est :

Sculpter avec des sons

Peindre avec des impressions

Poser des mots sur le chemin de l'imagination…

Tu joues

Dans un grand corps à corps
Même si la vie te mord
C'est la peur qui a tort...

Tu joues,

Tu serres les poings plus fort,
Le soleil va éclore
Dans le ciel de l'aurore,

Tu joues

Ta passion me dévore,
Son feu est indolore
Et mon corps s'endort

.../...

…/…

Tu joues

En mots multicolores
Et fais de ma vie un trésor
Sans règle du jeu, j'adore…

Que vois-tu dans le miroir ?

Un reflet

Ou

toi-même ?

A moins que cela ne soit

le reflet de toi-même ?...

Alors... Souris !...

CONNAIS-TU L'ERREUR ?

C'est la faute à "pas de chance"
Si les pas de l'errance,
Flottant dans l'indulgence
Conduisent sans méfiance,
Sans aucune résistance,
Sur des chemins sans importance...

L'erreur par ignorance
Vient puiser sa défense
A la source de la tolérance,
Quelle douce innocence !

L'erreur est-elle une nuance,
Ou une nouvelle apparence
Ayant sa propre existence ?
La vie se construit d'espérances

.../...

…/…

J'aime les différences,
La conscience du silence
Pleine d'intelligence,
Le sourire de la patience...

L'erreur a la chance
Que l'esprit apprécie l'élégance
De fautes d'insouciance,
Mais cela reste une confidence !

Les ombres de la nuit

Enveloppent chaque mouvement

Et l'immobilisent

Dans le sommeil…

VIE D'UN LIVRE

Je l'ai créé en tous mots
Des fantaisistes, des idéaux,
Des fantastiques, des musicaux,
De subtils jeux de mots

Il a quitté
Son nid douillé
A peine éveillé,
Apprivoisé...
J'aimerais croire
A une histoire
Qui s'inscrirait
Dans un mémoire,
Que cette vie de papier
Soit la douceur
De ta mémoire...

.../...

…/…

Qu'adviendra-t-il
De ce trésor ?
Combien de sorts,
Combien de milles,
Combien de villes,
Combien d'idylles
Pour arriver
Un jour enfin
Entre tes mains ?

Là ton destin
Avec le sien,
Partiront vivre
Dans notre livre…

La beauté de l'Art

Est l'exigence de la perfection

de l'Ame

L'ART ET LA MATIERE

Il peint le matin
La rosée des lavandins
Et le petit chemin
Pierreux entre les pins.
Sa palette est si belle
Que son pinceau butine
Les couleurs sublimes
Pour faire une aquarelle

Il dessine au crayon
Un morceau d'horizon
Et un immense pont
S'élançant d'un bond
Par-dessus le profond
Océan furibond.
Son camaïeu de gris
Est la brume qui se languit

…/…

…/…

Il sculpte dans le bois
Son intuition, son émoi,
En cherchant chaque fois
La beauté sous ses doigts,
La création d'un pourquoi,
La statue qui le voit…
C'est la sève de ce bois
Qui donne à l'art, sa voix…

J'IMAGINE

J'imagine une trace
Que ton regard enlace
Doux et plein d'audace,
Une courbe fugace
Que tes mots retracent
Ou doucement cachent
Sous l'aurore lasse.

J'imagine une trace
Qu'aucune mer n'efface,
Que ton doigt fasse
Sur la page qui se glace
En sa blanche surface,
Il écrit dans l'espace
S'envole et m'embrasse…

Le brouillard cherche nos mains

Et nos pas hasardeux

Mais tout ça n'est qu'un jeu

Pour que nous retrouvions notre chemin…

EST-CE ABSURDE ?

Un enfant qui joue
A sauter sur la lune,
A danser sur les dunes,
Et se blottir dans ton cou

Est-ce absurde ?

Un chien sachant écrire
Un roman d'aventures,
Ou le soir te faisant la lecture
Jusqu'à te voir t'endormir

Est-ce absurde ?

.../...

…/…

Un soleil devenant bleu
Et l'art, un mirage,
La liberté aimant le jeu
De ton cœur amoureux

Est-ce absurde ?

Perdre la Vie

C'est naître

Dans l'oubli…

Ou naître

dans une nouvelle vie

?

CHANSON DE LA PLUIE

La douceur de la pluie
Réveille la nature
Et sa voix nous murmure
Le retour à la vie.

Les fleurs à peine écloses
Se métamorphosent,
Tandis que les pétales de roses
Parfument leur symbiose.

Le grillon chante, ravi,
Dans la tiédeur de son nid,
Mais le papillon esquive
Les gouttes naïves.

…/…

.../...

Les ruisseaux fragiles
Coulent malhabiles
Entre pierres et racines
De leurs notes divines.

Les barques de mots
S'égarent dans les eaux
Alors le rire de la pluie
Devient un parfum de Paradis....

Bonjour la Vie

Au revoir l'Infini

Bonsoir la Nuit

Adieu, la mélancolie…

OEUVRE DU TEMPS

Il était debout, là,
Immobile dans l'air froid,
Sous le regard indifférent
Des siècles et des passants.

La lumière sur son corps
Posait des reflets d'or,
Et les ombres enveloppaient
Ses muscles dessinés.

Il était le confident,
L'ami de tous les temps,
Des cœurs parfois en pleurs
Ou au rendez-vous du bonheur

.../...

…/…

La lune et le soleil
L'animaient, rendant réelle
Cette masse de pierre,
Cette force toute entière

Ma main s'est posée
Sur son dos si fort et sûr,
Et sa main m'a serrée
Dans une émotion pure…

L'élégance,

est de ne pas voir

le petit défaut

sur une œuvre

parfaite...

MOLY

Le matin pâlit
Sur l'heure anoblie,
Immobile sur le lit
Dans les bras de l'oubli,
Mon corps se délie,
S'étire, amollit…

A travers les plis
Des rideaux blanchis,
La lueur affaiblie
De mon rêve pallie
Ces jolies floralies
Dansant sans répit

Les notes d'un bengali
S'évadent de la mélancolie
En suivant un parhélie,
Et d'un vol inaccompli
L'oiseau attendri
Disparait par magie

…/…

…/…

Le vent a faibli
Laissant flotter ainsi
Le parfum de niaouli
Ou du suave néroli,
Et de sa belle ancolie
L'air est alangui

Le matin pâlit
Doucement interdit,
Et je garde le moly
Sous la lune qui s'enfuit
Sur ma peau où tu lis
Le désir de ma vie

L'Art est un jeu
Un défi, un aveu

Le jeu est un Art
Un défi, un vœu

MUSIQUE DES SPHÈRES

Dans les frimas de l'aurore
L'harmonium joue encore
Cette mélodie grave
Au timbre si suave

Elle déroule sa cadence
Sous les doigts qui dansent
Et les notes s'élancent
Dans une force immense

Dans ces accords exquis
Les couleurs se marient
Les cœurs sont étourdis
L'harmonium est béni

.../...

…/…

Dans le solfège des jours
L'unisson mélodieusement
Jusqu'à la fin des temps
Joue l'harmonie de l'amour

Dans un livre, j'ai glissé une fleur
A travers un rêve, j'ai couru vers le bonheur
Au milieu du temps, j'ai trouvé cette heure
De mon clavier blanc, je t'envoie mon cœur...

SOUFFLER N'EST PAS JOUER

Le vent s'enroule
Autour de l'if et le chamboule
Le tortille, le chatouille,
Dans les branches, farfouille,
Cherchant qui roucoule,
Ou bouboule
Caché là en boule.
Epoustouflé et bredouille,
Il croit devenir maboul…
Il souffle, saboule,
Reprenant sa vadrouille
Après une grenouille
Qui en tamoul, bafouille,
Plonge et roule,
Jusqu'à la gouille…
Ouille !

L'ART DE LA CURIOSITE

La Vie est une question
Et chaque instant répond
A qui ose la poser,
A qui veut la trouver...

C'est un feu d'artifice
Des passions qui se tissent,
Presque une voie lactée
De la curiosité

De savoir trop peu
Je cherche pour le mieux
A comprendre les sens
Cachés des apparences

.../...

…/…

A question ahurissante
Réponse bouleversante,
Et par-delà les murs
L'Eden est-il sûr ?

Où est la certitude
Dans ce monde d'exactitude ?
Seule la confiance en soi
Répond avec ta voix…

Si l'Art a ses secrets
Ma question va errer,
Errer jusqu'à ce jour
Où lui répondra l'Amour…

POTERIE

Tu façonnes la Terre
En pensant à demain,
A l'aveu d'un Hier
Que tu as dans les mains,
Alors naîtra ce futur
Et une vie sans fêlure...

LE PONT MIRABEAU

Sous le feuillage vert
Coule la vie
Et quelques traits de lumière
Transpercent l'ennui.

Tout est calme et serein
Comme s'il n'était rien,
Rien qu'un simple refrain
D'aujourd'hui pour demain...

Sous le pont Mirabeau
Coule ma peine,
Restera-t-il trop beau
Pour que tes pas s'en souviennent

.../...

.../...

Vienne la vie, sonne le bonheur,
Les jours s'en vont, en toute candeur
Vienne le jour, sans aucune heure
L'amour est là, dans mon cœur...

LAS FLORES

Hay una flor amarilla
Cerca de mi casa
Hay una flor verde
Cerca della suerte
Hay una flor color del cielo
Cerca del fresco rio
Hay una flor marron
Que come el ladron
Hay un grillo que esta cartado
Bajo la flor color del tiempo

1977

MELANCOLIE ARTISTIQUE

Je ne sais pas chanter
La chanson de la pluie
Ni cette mélodie
Que murmure la nuit.

Je ne sais pas pleurer
Comme pleure à l'automne
L'arbre qui abandonne
La joie qui tourbillonne.

Je ne sais pas dormir
Sur les nuages blancs
Et tombe très souvent
Du nid du goéland.

.../...

…/…

Je ne sais pas cueillir
Cette rose des vents,
Ni l'étoile d'argent,
Ni la douceur du vent.

Je ne sais qu'aimer
La fleur de la vie
Etre un soleil d'amour
Qui brillera toujours…

PRESQUE

Il est mort ce matin
Dans toute sa splendeur
Comme une tendre lueur
Que la nuit dévore...
Tristement il est mort
Mon rêve de matin...

TON NOM

J'ai écrit ton nom sur le sable
Mais la vague l'a effacé.

J'ai tracé ton nom dans la neige
Las la neige a fondu

J'ai gravé ton nom sur un arbre
Mais l'écorce est tombée

J'ai imprimé ton nom sur une page,
Mais l'encre a disparu

J'ai incrusté ton nom dans le marbre
Mais la pierre a cassé

J'ai sculpté ton nom dans ce paysage
Mais la brume l'a perdu

J'ai enfoui ton nom dans mon cœur
Et le temps l'a gardé

J'ai noyé ton nom dans le bonheur
Et mon amour l'a exalté…

PEINTURE

Peins de musique, les rivières

Peins de chansons, l'air

Peins de soleil et d'or
La porte de la mort

Peins de rêves ébahis
Le visage de la Vie

Peins de chaleur
L'oiseau de la peur

Peins d'infini
L'amour qui nous unit

LE CLOWN ET L'ENFANT

Quand le clown rit
L'enfant rit aussi.
Quand le clown pleure,
L'enfant rit toujours.

Quand l'enfant rit,
Le clown rit aussi.
Quand l'enfant pleure,
Le clown rit toujours.

La fin de **l'histoire**
Est qu'ils ont quitté
Ce monde fou
En pleurant de bonheur...

FEUX

Quelle majestueuse furie d'un géant
Explosant dans l'ivresse du temps !
La folie de ses flammes
Tue comme des armes,
Comme un démon de guerre
D'enfer et de lumière.

C'est la Vie qui s'éteint
Quand la mort l'étreint
Sous la braise de sa lave,
Sous les ruisseaux qui bavent
De tordantes brûlures
Fondent sur ses blessures
Et de monstrueuses sculptures
Au reflet gris mercure

…/…

…/…

Le vent exaspérant
Déchire à pleines dents
Et hurle aux nuits orageuses
La destruction hideuse
Des arbres centenaires
Noircissant même l'air,
Réduisant en poussière
Ce que fut notre Terre.

Les homes gluants de peur
Fascinés par ces horreurs
Fixent l'or de ces feux,
De cet ogre mystérieux.
Ils les contemplent silencieux
Apprivoisant la violence d'un adieu…

ART DU CONTRE TEMPS

Si le passé précède le présent
Et le présent précède le futur

Est-ce qu'on peut dire que

Le passé précède le futur
Si on n'a pas vécu le présent ?

L'ART DE VOLER

EN PLANEUR

Le grand oiseau blanc
Est sorti de sa cage d'argent.
Il git au sol, les ailes déployées
Comme un albatros fatigué.

Ses ailes déplumées
Sont beaucoup trop allongées
Et il est embarrassé,
A terre pour se déplacer…

Quel vol gracieux
A cet oiseau heureux
Quand une *pompe amusée
Se glisse sous son aile inclinée

…/…

…/…

Regarde-le s'éloigner !
En plus, s'il ne sait pas *naviguer
Ce soir, on ira le chercher :
Il se sera * « vaché »

L'oiseau aime tant voler
Dans cet air enchanté
Alors, ne le laissons pas
Triste, au sol… il ne le pardonnerait pas…

*pompe : courant aérien ascendant et chaud
*naviguer : aller d'un endroit à un autre
* se vacher : atterrir dans un champ

La vie est une chanson

Dont chaque jour

Donne une parole

Et dont le temps

Donne l'air…

(1976)

N'ECRIVEZ PAS DANS LE VENT...

Le poème que tu lis
Fut écrit dans le vent.
Il parlait de la mer, de la vie
S'écoulant avec le temps.

Il évoquait un paradis
La lune, la rose des vents,
Des rêves imaginés puis oubliés
Dans le soleil de l'hiver.

Ce poème ne fut pas fini
Car ses derniers vers
En chantant se sont envolés
Et disparurent, emportés dans le vent....

(1976)

QUAND…

Quand le ciel glissera
Sur la lune porcelaine

Quand son chant coulera
Dans mes veines

Quand l'amour brisera
Toutes les haines

Alors la vie sera mes chaines
Enchaînée à la tienne…

FORME

Je prends la forme
Des mots que tu écris,
Des lettres dessinées,
De la douceur qui vit
Posée sur ce papier...

Je parcours la campagne
Humant tous les parfums
Comme de délicieux embruns...
Les couleurs se rejoignent
Mêlant le vert-amande
Et celui des oliviers,
La saveur gourmande
Du fruit d'un baiser
A la tiédeur florale
De l'instant vespéral...

      .../...

…/…

Je prends la forme
Du ruisseau céladon
Aux cailloux si ronds,
Aux gouttes qui explosent
Sur des pétales roses,
De l'onde murmurant
La fraîcheur du présent,
A l'oiseau assoiffé
Heureux de se baigner
Avant de s'envoler
Vers sa liberté

Je prends la forme
De chacune de tes pensées,
De cette réalité imaginée
Dans le silence de la simplicité…
…La forme de la vérité…

Etre ici

ou ailleurs

N'a aucune importance,

Pourvu que

L'Espace comprenne...

Jeux de lumière
Sur une prière

Jeux de hasard
Insolite et rare

Jeux de mots
Intemporellement beaux

Jeux de mains
Croisant leurs doigts vers demain

Jeux de regards
Profond – dément sages… comme l'ART…

UN… JE NE SAIS QUOI…

J'ai surpris un bruit
Dans un je-ne-sais-quoi
S'accrochant à la nuit,
Un petit clapotis
Où la lune se voit
Entre mille et un plis

J'ai longuement flâné
Vers un je-ne-sais-quoi
En traînant les pieds
Sur l'onirique plage,
Par-dessus les nuages,
Des oiseaux dans la voix

…/…

…/…

J'ai feuilleté la vie,
Porcelaine fragile,
Fleurie de rêveries
Et de pages subtiles,
Mais les mots se sont enfuis
Pour un je-ne-sais-qui…

Je ne sais pas où tu vas

Mais je vais avec toi...

Signé : *Confiance*